Andrew Gardner

JUEGOS PARA ESTIMULAR LA LECTURA EN LOS NIÑOS

SELECTOR
actualidad editorial

Doctor Erazo 120
Colonia Doctores **Tel. 55 88 72 72**
México 06720, D.F. **Fax 57 61 57 16**

JUEGOS PARA ESTIMULAR LA LECTURA EN LOS NIÑOS

Diseño de portada: Carlos Varela
Ilustración de interiores: Eduardo Chávez

ISBN: 970-643-292-2

Quinta reimpresión. Mayo de 2002

Contenido

Introducción

La lectura es esencial para la educación y el futuro de los niños. Por eso incentivarla merece toda la atención de los padres y maestros. Incluso para la sociedad resulta prioritario fomentar la lectura para obtener en el futuro ciudadanos preparados para afrontar los desafíos en el desarrollo de las naciones.

En esta obra daremos mayor énfasis a la lectura del libro sobre las revistas y los diarios. Esto es en razón de que el libro ha sido más afectado por falta de lectores que las revistas y los diarios, los cuales cada día son mayores y diversos. Además la información contenida en un libro es muy amplia y sirve para muchos años en la vida de un ser humano, mientras que la información de la revista, aunque nos actualiza, es tan fugaz como la información de los diarios. Por eso nos concentraremos en ofrecer juegos que estimulen la lectura de calidad, puesto que en las publicaciones periódicas concurren tanto lecturas de calidad como textos francamente deplorables. Aquí se evitarán los riesgos de fomentar la lectura *per se*, ya que nunca será lo mismo leer una revista de corte escandaloso o morboso, contra una gran novela o un enorme ensayo sobre el universo o el cuerpo humano.

En los años recientes he observado abundantes programas de fomento a la lectura. Aunque algunos han sido exitosos, la mayoría han fracasado. Me parece que estos resultados negativos obedecen a diversos factores, pero el principal es que se ha descuidado la raíz de la buena educación: *el hogar*. En efecto, es en la casa, y después en la escuela, donde puede y debe ejercerse el gusto por la lectura. Existen otros factores que han distraído la atención de los niños. La televisión le ha robado una importante cantidad de tiempo a la lectura. En materia educativa, la computadora también se ha vuelto más atractiva para la obtención de datos que los libros. Internet, aunque representa muchas ventajas de comunicación y conocimiento, ha sido también un recurso que muchos jóvenes y niños prefieren antes que las páginas impresas.

En el terreno del entretenimiento se ha perdido el gusto por la novela, los cuentos y los poemas; es decir, por la literatura. De nuevo, no sólo los niños, sino también los adultos, hemos dedicado mayor tiempo a la televisión que a la imaginación. La renta de los videocasetes ha incrementado las horas frente al aparato receptor. Los juegos de cómputo y el enorme desarrollo de la multimedia han sido mucho más atractivos que la lectura para amplios sectores de la población.

Ante el adverso panorama que tiene la lectura, sobre todo en los países en vías de desarrollo, no se debe asumir una actitud pesimista; por el contrario, para quienes amamos a los libros es una enorme oportunidad de demostrar que el libro es sin duda el mejor vehículo de transmisión del conocimiento y de los valores humanos que nos hacen diferentes al mundo salvaje y de barbarie. El futuro del libro es tan vasto, que hoy en día se están desarrollando los libros electrónicos como un recurso ecológico para evitar que el consumo de papel afecte menos a los bosques que quedan en el mundo. También se están produciendo libros que ya usan papel reciclado.

Hay muchas razones para mantenernos optimistas en cuanto a las bondades de la lectura en relación con otros medios de comunicación.

Primero. Se trata del recurso más económico de transmisión del conocimiento. Su principal competidor, el software, es mucho más costoso. Ni qué decir de los cursos educativos que usan al video y al audio.

Segundo. El peso y el tamaño del libro lo hacen un fiel escudero, como el Sancho Panza de Don Quijote. En cualquier lugar y circunstancia podremos contar con su compañía. Imagine usted que en la playa, a la sombra de una palmera, quisiera ver su película favorita. Casi imposible. En cambio allí podrá leer cómodamente alguno de sus cuentos predilectos.

Tercero. Leer es la mejor inversión que usted puede hacer con sus hijos. Cuanto mejor educación tengan, mayores beneficios obtendrán en la vida, sean estos económicos o morales. Cuanto mayor nivel académico tengan sus hijos, mejor será su nivel de percepciones económicas en el futuro. Cuanto más cultos sean sus hijos, mejor será su goce de los viajes, del arte y todo lo bello que existe en el mundo.

Por las razones expuestas, propongo una serie de juegos y actividades que estimularán la lectura en sus hijos o alumnos. Para los padres también es una excelente oportunidad de convivencia con sus hijos, pues las actividades aquí presentadas requieren de un guía que las instrumente. Asimismo, el interactuar junto con sus hijos en los proyectos y juegos de este libro generará un fuerte lazo afectivo entre usted y ellos. Con relación a las educadoras y los maestros, estas actividades reforzarán los objetivos académicos trazados, pues se logrará un mayor gusto por la investigación fuera de clase y se estimularán las capacidades creativas de los niños y adolescentes. Con ello se acabarán las fatigosas tardes en las que se establecen conflictos por la aversión a la tarea.

El título de este libro hace referencia a la palabra juego, vocablo que resulta posiblemente contradictorio con la dedicación que se requiere para leer. Esta idea es una equivocación pues la lectura, sobre todo a temprana edad, es esencialmente lúdica y debe entenderse como eso, una actividad de entretenimiento, desarrollo de imaginación, creatividad, y principalmente diversión.

Vale la pena aclarar que existen otras actividades que no necesariamente tienen las características propias del juego, como son la competencia, la superación de obstáculos o el vencer desafíos. No es menester de esta obra poner a los niños a competir unos contra otros, pues el único enemigo a vencer aquí es la ignorancia. Tampoco se trata de interponer obstáculos, pues la esencia de nuestros preceptos no es detener un avance sino más bien propiciarlo. Nuestros principales desafíos no estarán centrados en alcanzar marcas o puntuaciones, sino en lograr una disciplina para leer con una mente crítica, analítica y creativa. Por eso, una buena parte de las páginas que aparecen a continuación están cargadas de consejos prácticos para lograr hábitos de lectura.

Los juegos y actividades se han organizado en tres grandes bloques: para lectores principiantes (5 a 8 años), lectores intermedios (8 a 10 años), lectores avanzados (10 a 12 años) y lectores por siempre (principiantes, intermedios, avanzados, adolescentes y adultos). De cualquier modo, esta clasificación no debe seguirse en forma ortodoxa, pues el desarrollo educativo varía mucho entre niños y nacionalidades. Incluso puede usted escoger actividades de acuerdo a los intereses y el desarrollo del niño que esté educando. Las actividades que sirven a todos los grupos, se han clasificado en "lectores por siempre", y corresponden a todas las personas para quienes leer es una forma superior de vivir. Cada apartado del libro contiene comentarios y sugerencias para estimular la lectura, de acuerdo con la edad y desarrollo del grupo que se esté tratando.

El objeto principal de este libro es contribuir a la promoción de la lectura, pues creemos que aquellas sociedades que leen son las que viven mejor, ya que a mayor información, existe mayor generación de riqueza social. La sociedad informada y culta no da paso al oscurantismo o la tiranía; sus preceptos son la tolerancia y la razón. Más allá del bien social que otorga la lectura, debemos dar a quienes nos rodean las llaves para una vida mejor. Espero que usted también comparta con nosotros la pasión por leer.

Capítulo 1

JUEGOS PARA LOS LECTORES PRINCIPIANTES (cinco a ocho años)

1. Los interiores del libro

Objetivo:
Lograr que los pequeños lectores conozcan cómo se preparan los interiores de un libro, y tener el material básico para otras actividades.

Materiales:

- Dos pliegos de papel blanco.
- Una navaja afilada.

Introducción:

La mayor parte de los lectores no conocen cómo se construye un libro, pues sólo tienen noción de él como un objeto terminado: un grupo de hojas impresas y empastadas. Así pues, con esta actividad se busca que los pequeños lectores sepan cómo se preparan los interiores de un libro.

Para comprender con mayor claridad la anterior idea es necesario aceptar que muchas personas suponen que las hojas que conforman un libro se imprimen una por una y después se empastan. Sin embargo, esto es erróneo, pues los libros —desde la aparición de las imprentas— se imprimen en pliegos que se imprimen por ambos lados y se doblan hasta llegar al tamaño deseado. Así, no es de sorprender que hasta hace algunos años se hablara de libros en medio, cuarto o dieciseisavo según el número de dobleces que se hayan efectuado con el pliego. Esto puede mirarse en la parte superior de una buena parte de los libros donde se miran los "cuadernillos" con los cuales se formó la obra.

Procedimiento:

Toma el pliego de papel y dóblalo por mitades hasta llegar al tamaño que deseas, una vez que hayas llegado a este paso, con la navaja separa las hojas por tres de los cuatro lados hasta formar un cuadernillo con cada uno de los pliegos de papel.

2. La creación de una historia

Objetivo:

Lograr que los pequeños lectores se enfrentan a la creación literaria.

Materiales:

- Lápices de colores.
- Los interiores del libro que se construyeron en la Actividad 1.

Introducción:

Muchas personas suponen que los escritores son seres excepcionales; sin embargo, ellos son —en casi todos los sentidos— iguales a nosotros. La única diferencia visible es que ellos se decidieron a contar las historias que sueñan. De esta manera, es conveniente que el niño descubra que él también puede ser un creador de historias y gracias a ello "perderle el miedo" a los libros.

En este caso, es necesario pedirle al niño que cuente —con palabras y dibujos— la historia que desea narrar a su familia, y para ello podrá usar el cuadernillo que creó en la Actividad 1.

Procedimiento:
Pida al niño que imagine una historia, que la escriba y la ilustre en los cuadernillos que creó en la actividad anterior.

3. La cubierta del libro

Objetivo:

Lograr que los pequeños lectores empasten la obra que han venido construyendo.

Materiales:

- Lápices de colores.
- Los interiores del libro que se construyeron en las actividades 1 y 2.
- Cartulina.
- Pegamento o engrapadora.

Introducción:

El hecho de empastar una obra supone dar el punto final al trabajo de creación literaria, con el cual el pequeño lector podrá haber dado un primer gran paso en el mundo del libro.

Procedimiento:

Para comenzar es necesario que el pequeño lector mida el tamaño del pliego extendido, de tal suerte que pueda trazar un rectángulo en la cartulina de unas dimensiones tales que puedan cubrir a los cuadernillos.

En segundo término es necesario que el pequeño lector cree el arte de la portada pero, en este caso es menester que aprenda un par de secretos: el primero de ellos es que en las cartulinas que se usan para encuadernar los libros la parte principal (la portada) se dibuja del lado derecho y la contraportada del lado izquierdo, pues sólo de esta manera una queda al frente o la otra en la parte posterior.

4. Mi libro de cabecera

Objetivo:

Lograr que los pequeños lectores sean capaces de discriminar obras literarias.

Materiales:

- Libros de cuentos infantiles.
- Un pliego de cartulina.
- Lápices de colores.
- Fotocopias de los cuentos del niño.
- Material para realizar un engargolado.

Introducción:

La mayoría de las personas suponen que absolutamente todos los libros son buenos y deben ser leídos. Sin embargo, esto no es del todo cierto, pues la literatura —al igual que todas las artes— también está sujeta a los intereses y los gustos personalísimos de los lectores.

De esta manera, cuando el pequeño lector se enfrente a la literatura seguramente irá encontrando obras que le gustan más que otras: a algunos niños les encantan las aventuras y a otros —por sólo poner un par de ejemplos— las historias llenas de ternura o de misterio.

El hecho de que el pequeño lector sea capaz de discriminar ciertas obras es muy importante en su formación, pues gracias a esta cualidad podrá ir descubriendo y leyendo los libros que más le gustan.

Procedimiento:

Pida al niño que seleccione de todos los libros que haya leído los fragmentos y los cuentos que más le hayan gustado. Una vez que haya concluido con esta labor, es necesario que los fotocopie, les haga una portada y los engargole a fin de que pueda volver a estas obras una y otra vez.

5. Un libro para Mamá

Objetivo:

Lograr que los pequeños lectores se enfrentan diferentes obras literarias y sean capaces de encontrar en ellas aspectos interesantes y valiosos, cosas dignas de ser compartidas con sus seres queridos.

Materiales:

- Libros de cuentos poesía.
- Un pliego de cartulina.
- Lápices de colores.
- Fotocopias.
- Material para realizar un engargolado.

Introducción:

Una de las maravillas de la lectura es que —gracias a ella— es posible tender puentes de palabras entre las personas: el hecho de leer no sólo entrelaza al autor con quien se enfrenta a su obra, sino también a esta persona con todas aquellas a quienes se desea hablar sobre lo descubierto en las páginas de un libro.

En este sentido, el hecho de que el pequeño lector busque en diversas obras aquello que podría gustarle a su mamá no sólo significa un esfuerzo por comprender, conocer y apreciar aquello que le agradaría a su madre, sino la posibilidad de avanzar por otros rumbos literarios.

Procedimiento:
Pida al niño que seleccione de todos los libros que haya leído los fragmentos y los cuentos que más le hayan gustado y que le gustaría compartir con su mamá. Una vez que haya concluido con esta labor, es necesario que los fotocopie, les haga una portada y los engargole a fin de que pueda regalar estas obras a la persona que más quiere.

6. Descubre el final

Objetivo:

Lograr que los pequeños lectores sean capaces de descubrir los secretos de un libro gracias a las pistas que un autor les ofrece.

Materiales:

- *La peor señora del mundo* de Francisco Hinojosa.

Introducción:

Sin duda alguna, la literatura no sólo ofrece inmensos placeres, sino que también nos abre la posibilidad de pensar y repensar los hechos a los que nos enfrenta un autor y sus ideas. Una buena manera de comenzar a afrontar este reto intelectual es buscar que el niño "le gane" al autor y descubra el final de una obra antes de leerlo.

Procedimiento:

Pida al niño que lea *La peor señora del mundo* de Francisco Hinojosa, pero que no se aproxime a las últimas cinco páginas del texto. Una vez que se haya logrado lo anterior, pídale que a partir de los hechos que conoce sobre los personajes imagine el final y se lo cuente.

Al concluir lo anterior, pida al pequeño lector que lea el final de la obra y que compare su final con el del autor, a partir de este hecho es importante que conversen sobre las diferencias y las similitudes que existan entre ambos finales de tal suerte que el niño no sólo obtenga un mayor conocimiento de los personajes de la obra, sino también que ponga a "prueba" la propuesta del autor.

7. Competencias literarias

Objetivo:

Lograr que los pequeños lectores conozcan con el mayor detalle posible las obras que leen.

Materiales:

- Un libro de cuentos del agrado del pequeño lector.

Introducción:

Uno de los problemas más graves y más comunes a que se enfrentan los lectores es el hecho de no comprender a cabalidad lo que trata de decir el autor. Esta situación es muy complicada pues puede terminar por alejar a los niños de los libros bajo una idea más o menos sencilla: "para qué leo si no entiendo lo que dice el libro". Por esta razón es necesario enseñar a los pequeños lectores a que agudicen sus sentidos de tal suerte que no pierdan los mensajes que el autor desea dar a sus lectores.

Procedimiento:

Pida al niño que lea una obra de su agrado y, de manera simultánea, usted también lea el libro en cuestión. Cuando ambos hayan terminado su lectura inicien una competencia con preguntas acerca de lo que ocurre en el libro, este hecho —además del valor que tienen la competencias en sí mismas— ayudará a que el pequeño lector conozca con mayor detalle las obras a las que se enfrenta.

8. Qué pasaría si...

Objetivo:

Lograr que los pequeños lectores —gracias a los libros— desarrollen su capacidad imaginativa y logren un mayor análisis literario.

Materiales:

- Un libro del agrado del pequeño lector.

Introducción:

Otra de las maravillas de la lectura es que —gracias a ella— es posible ampliar los horizontes de la imaginación gracias a una obra cualquiera.

En este sentido, si nosotros pedimos al pequeño que se imagine qué sucedería con la historia si cambiamos a uno de los personajes o el desenlace, no sólo lo obligamos a tener un mayor conocimiento de la obra, sino que también podrá desarrollar su imaginación a partir de un texto dado.

Procedimiento:

Pida al niño que lea una obra de su agrado y de manera simultánea usted también lea el libro en cuestión. Cuando ambos hayan terminado su lectura inicien diálogo gracias a una serie de cuestiones sobre el libro: pídale que le explique que pasaría si uno de los personajes no existe, si alguna de las situaciones que alimentan la anécdota cambiara, o si el final fuera diferente.

9. Caras y gestos

Objetivo:

Lograr que los pequeños lectores desarrollen su capacidad imaginativa y logren un mayor análisis literario.

Materiales:

- Un libro del agrado del pequeño lector.

Introducción:

Ya he dicho que una las maravillas de la lectura es que —gracias a ella— es posible ampliar los horizontes de la imaginación. En este sentido, si establecemos una competencia de caras y gestos tomando como punto de partida a los personajes de una obra, será posible que el pequeño lector desarrolle un amplio conocimiento de los personajes gracias a una pequeña dramatización.

Procedimiento:

Pida al niño que lea una obra de su agrado y, de manera simultánea, usted también lea el libro en cuestión. Cuando ambos hayan terminado su lectura inicien una competencia de caras y gestos donde el tema a desarrollar sean los personajes del libro.

10. Historietas

Objetivo:

Lograr que los pequeños lectores desarrollen su capacidad imaginativa.

Materiales:

- Un libro del agrado del pequeño lector.
- Papel.
- Lápices de colores.

Introducción:

La literatura es un punto de partida para las otras artes: el teatro o el cine —por poner un par de ejemplos— no pueden existir sin un guión literario previo. En este sentido, es posible que los pequeños lectores creen sus historietas a partir de una obra que les sea leída por un adulto.

Procedimiento:

Narre al pequeño lector una obra y pídale que la vuelva a desarrollar (con variantes o sin ellas) en una historieta.

Apéndice

15 libros indispensables para los que empiezan a leer

Los primeros libros son difíciles de elegir, no se requieren grandes historias, sino tramas que atrapen al lector. Desde nuestro punto de vista, los cuentos clásicos —dada su extensión— no son tan recomendables, y en este sentido creemos que son mejores otro tipo de obras donde el esfuerzo de lectura es casi mínimo y se ve fácilmente recompensado con una trama de gran sencillez y belleza.

1. **Martha Alexander.** *La bota de Lalo.*

2. **Chris van Allsburg.** *Jumanji.*

3. **Anthony Browne.** *El libro del osito.*

4. **Anthony Browne.** *Me gustan los libros.*

5. **Arthur Geiser.** *Oink.*

6. **Gomi Taro.** *Adivina quién soy.*

7. **Deborah y James Howe.** *Bonícula: una historia de misterio conejil.*

8. **Robert Leeson.** *Nunca beses a los sapos.*

9. **María Machado.** *Historia medio al revés.*

10. **Luigi Malerba.** *Pinocho con botas.*

11. **Alicia Molina.** *El agujero negro.*

12. **Hiawyn Oram.** *Alex quiere un dinosaurio.*

13. **Renata Schiavo** *Campo. El planeta de los ratonejos.*

14. **Ellen Stoll Walsh.** *Pinta ratones.*

15. **Ellen Stoll Walsh.** *Cuenta ratones.*

Algunas curiosidades

¿Sabías que los hermanos Grimm no son en realidad "autores" de sus famosos cuentos, pues ellos se dedicaron a recopilar los cuentos populares que los viejos europeos narraban a sus hijos?

¿Sabías que la Cenicienta no usaba zapatos de cristal, pues su autor —Charles Perrault— usó como inspiración a un personaje que usaba unos zapatos de una piel de ardilla muy blanca?

¿Sabías que Tom y Jerry nacieron en 1821, en una novela de Pierce Egan intitulada *Life in London*?

¿Sabías que Lewis Caroll —el autor de Alicia en el país de las maravillas— no era un escritor de libros infantiles, sino un respetabilísimo matemático que creó un mundo marcado por la lógica?

¿Sabías que Walt Disney no creó a Mickey Mouse, ya que este personaje fue inventado por un dibujante llamado Ubbe Ert Iwerks?

¿Sabías que la *Enciclopedia Británica* no es británica, pues sus autores e impresores eran escoceses y su primera edición daba crédito a la "Sociedad de caballeros de Escocia"?

¿Sabías que la primera aparición literaria de Robin Hood data de 1370 en el relato de William Langeland Pirts Plowman?

¿Sabías que la primera versión de Guillermo Tell entre los suizos apareció en el siglo XVI, pues este personaje —con distintos nombres— ya había sido objeto de muchos otros libros que circulaban muchos siglos antes de que los suizos lo convirtieran en uno de sus héroes?

¿Sabías que el autor George Bernard Shaw no era —como se cree comunmente— inglés, sino irlandés?

¿Sabías que el monstruo de la novela *Frankenstein* no se llamaba de esta manera, sino que éste era el apellido de su creador?

Capítulo 2

JUEGOS PARA LOS LECTORES INFANTILES

1. Había una vez

Objetivo:
Lograr que los lectores se inicien en la creación literaria.

Materiales:
- Una bolita de papel.

Introducción:
Para iniciarse en la creación literaria —tal y como lo he mencionado en el capítulo ante-

rior— no es necesario realizar grandes esfuerzos, sólo hace falta una poca de imaginación y muchísimas ganas de divertirse.

Procedimiento:
Se reunen algunos lectores infantiles bajo la dirección de una persona.

Esta persona toma la bolita de papel y la lanza a uno de los pequeños diciendo: "Había una vez", quien la recibe tiene que continuar la historia con una sola frase, una vez que se dijo esta frase, se vuelve a lanzar la bolita hasta que se termina un cuento.

2. ¡Salchicha!

Objetivo:

Lograr que los lectores analicen una obra literaria.

Materiales:

- Un cuento infantil del agrado del lector.

Introducción:

Para iniciarse en la lectura no es necesario realizar grandes esfuerzos, sólo hace falta que los padres y los hijos convivan en torno a los libros a través de algunos juegos.

Procedimiento:

"Salchicha" es la palabra que usted introduce de vez en cuando en la lectura, por ejemplo: "Los tres cochinitos vivían en una salchicha". La respuesta inmediata del pequeño lector deberá ser: "No es cierto, en una casa".

3. Cambio de personajes

Objetivo:

Lograr que los lectores sean atrapados por una obra literaria.

Materiales:

- Un cuento infantil del agrado del lector.

Introducción:

Para lograr el interés de los pequeños lectores es necesario apelar a algunos trucos más o menos sencillos, y que les permitan convertir una narración en algo totalmente suyo.

Procedimiento:

El procedimiento de este juego es muy simple, sólo hace falta que usted, al momento de leerle un cuento a un niño, sustituya el nombre del protagonista por el del niño que le escucha. Con este pequeño truco, no tardará nada en capturarlos con la historia que les narra.

4. Cuentos en imágenes

Objetivo:

Lograr que los lectores se inicien en el análisis de la estructura literaria de una obra.

Materiales:

- Un cuento del agrado del lector.
- Tres o cuatro imágenes alusivas al cuento (estas deberán ser elaboradas por el padre o el maestro).

Introducción:

Para iniciarse en el análisis de la estructura literaria es necesario lograr que los lectores conozcan como se articulan entre sí las distintas partes de una obra, y como a partir de estas articulaciones podrían generarse un sinnúmero de historias.

Procedimiento:

Se presentan al lector las imágenes del cuento y se le pide que las ordene y cuente una historia con ellas. Al concluir este trabajo, se le presenta el cuento real para que lo lea y compare —mediante un diálogo con sus padres o su maestro— las diferencias que se presentaron entre ambas obras.

5. Títeres

Objetivo:
Lograr que los lectores profundicen sus conocimientos sobre los personajes que aparecen en una obra literaria.

Materiales:
- Un cuento del agrado de los lectores.
- Títeres (lo deseable es que ellos se construyan a partir de la lectura de la obra).

Introducción:
El conocimiento de los personajes que aparecen en una obra literaria no sólo puede ser resultado de la lectura en sí misma, sino que también —al convertirlos en seres vivos por medio de las dramatizaciones— pueden revelarnos algunas cuestiones oscuras acerca de su personalidad.

Procedimiento:
Se reúnen algunos lectores infantiles bajo la dirección de una persona. Lo primero es que

todos lean el cuento y elijan cuál será el personaje que desean interpretar. Tras esto, se construyen los títeres y se inicia la dramatización del cuento, de tal manera que cada uno de los pequeños actores logre conocer con mayor detalle a su personaje. Al concluir, es recomendable analizar lo dicho y lo hecho por cada uno de los personajes a fin de valorar si estas acciones corresponden a no a sus características.

6. La historia desordenada

Objetivo:

Lograr que los lectores se inicien en la creación literaria al tiempo que realicen análisis de continuidad en una historia.

Materiales:

- Un cuento breve.

Introducción:

Para iniciarse en en análisis de la estructura literaria es necesario lograr que los lectores conozcan como se articulan entre sí las distintas partes de una obra, y como a partir de estas articulaciones creadas por un autor se genera un sola historia.

Procedimiento:

El cuento breve se recorta por párrafos, y estos fragmentos se entregan al pequeño lector a fin de que arme el "rompecabezas" literario que tiene en sus manos. Al final es importante que él compare su trabajo con la historia original y descubra cómo las pequeñas variaciones que él introdujo cambiaron por completo el cuento.

7. Descubre el final

Objetivo:

Lograr que los lectores sean capaces de descubrir los secretos de un libro gracias a las pistas que un autor les ofrece.

Materiales:

- Christian Lehmann. *El cocodrilo en la tina.*

Introducción:

Sin duda alguna, la literatura no sólo ofrece inmensos placeres, sino que también nos abre la posibilidad de pensar y repensar los hechos a los que nos enfrenta un autor y sus ideas. Una buena manera de comenzar a afrontar este reto intelectual es buscar que el lector "le gane" al autor y descubra el final de una obra antes de leerlo.

Procedimiento:

Pida al lector que se adentre en las páginas de *El cocodrilo en la tina*, pero que no lea las últimas cinco páginas del texto. Una vez que se haya logrado lo anterior, pídale que —a partir de los hechos que conoce sobre los personajes— imagine el final y se lo cuente. Al concluir lo anterior, pida al pequeño lector que lea el final de la obra y que compare su final con el del autor, a partir de este hecho es importante que conversen sobre las diferencias y las similitudes que existan entre ambos finales de tal suerte que el niño no sólo obtenga un mayor conocimiento de los personajes de la obra, sino también que ponga a "prueba" la propuesta del autor.

8. Qué pasaría si...

Objetivo:

Lograr que los lectores sean capaces de descubrir que una obra es una propuesta que podría ser alterada en infinidad de ocasiones.

Materiales:

- Juan Villoro. *El profesor Zípper y la fabulosa guitarra eléctrica.*

Introducción:

Una de las maravillas de la literatura es su posibilidad de abrir caminos a la imaginación, en este caso cuando nosotros tranformamos a un personaje o una situación, tenemos la posibilidad de recrear la obra y ahondar en el conocimiento de los personajes.

Procedimiento:

Tras la lectura de la novela breve de Juan Villoro por parte del joven lector y del padre o el maestro, pida que le platique "qué pasaría si..." alguno de los personajes o situaciones fuera diferente.

9. Juntemos a los personajes

Objetivo:

Lograr que los lectores sean capaces de fundir narraciones y observar lo que ocurre en ellas tras los cambios.

Materiales:

- Christian Lehmann. *El cocodrilo en la tina.*
- Francisco Hinojosa. *La peor señora del mundo.*

Introducción:

Es muy comun que entre los lectores se presente el oscuro deseo de unir a personajes que se encuentran en historias distintas, no en vano, la industria del comic ha explotado este recurso al infinito reuniendo en algunas historietas a Batman y Superman, o a Batman y Spawn.

Procedimiento:

Pida al lector que se adentre en las páginas de *El cocodrilo en la tina* y de *La peor señora del mundo.* Una vez que se haya logrado lo anterior, pídale que a partir de los hechos que conoce sobre los personajes imagine qué pasaría si la niña que es protagonista de la primera historia fuera amiga de los niños que aparecen en *La peor señora del mundo.*

10. Los otros fantasmas

Objetivo:
Lograr que los lectores se inicien en la creación literaria.

Materiales:
- Achim Bröger. *Fantasmas escolares.*

Introducción:
Sin duda alguna, la literatura no sólo ofrece inmensos placeres, sino que también nos abre la posibilidad de pensar sobre nuestra cotidianeidad, lo cual convierte a los libros en maestros para la vida.

Procedimiento:
Pida al lector que se adentre en las páginas de *Fantasmas escolares* de Achim Bröger. Una vez que haya concluido la lectura pídale que escriba un cuento sobre los fantasmas que podrían haber en su escuela.

Apéndice
15 libros indispensables de la literatura infantil

Cuando los padres o los profesores se enfrentan con la literatura infantil se presenta un fenómeno sumamente extraño: tenemos un amplísimo mercado de libros que se ofrecen a los niños que leen bien. Tenemos colecciones de libros para iluminar, de juegos, de adaptaciones de libros clásicos o de obras escritas especialmente para estos lectores.

Ante esta avalancha de libros tenemos que establecer un criterio que nos permita discriminar aquellas obras que debemos proporcionar a nuestros hijos o nuestros alumnos. Un buen criterio para elegir este tipo de libros es el tiempo: un obra que se ha reditado durante muchísimos años ofrece la garantía de ser divertida y clásica, aunque esto no significa que los libros que actualmente se publican sean ajenos de aquellas virtudes: algunos se convertirán en clásicos y otros desaparecerán sin dejar huella.

De esta manera, a continuación presentamos una suerte de mezcolanza de obras clásicas y recientes que —con toda seguridad— le ayudarán a que sus hijos y sus alumnos se conviertan en excelentes lectores.

1. Hans Christian Andersen. *Cuentos.*
Los cuentos de Hans Christian Andersen han sido —a lo largo del tiempo— una de las obras fundamentales de la literatura infantil. Estos cuentos, dadas sus dimensiones, no sólo permiten que sean abordados por los pequeños que ya dominan la lectura, sino que también permiten ser leídos por los padres y los maestros, lo cual —sin duda alguna— abre caminos para que los pequeños se adentren en el mundo de los libros.

2. James M. Barrie. *Peter Pan.*
En esta obra, a pesar de las inumerables adaptaciones que ha tenido para el cine y la televisión (entre las que destacan por su popularidad de realizada por Disney y la versión que se hizo para el cine bajo el título de *Hook*), es

casi totalmente desconocida por los lectores. Recorrer con Pan y Wendy la Tierra de nunca jamás es una aventura sin precedentes.

3. Achim Bröger. *Fantasmas escolares.*
A partir de un par de curiosos fantasmas que irrumpen en una escuela, Bröger nos propone una lectura que no sólo ofrece una gran diversión a los pequeños, sino que también nos abre la posibilidad de asistir a un análisis sobre la importancia de la escuela.

4. Anthony Browne. *Gorila.*
Este cuento, maravillosamente ilustrado por el autor, nos ofrece una historia capaz de otorgar sentido a uno de los problemas más comunes en nuestras familias: el padre que se ausenta casi todo el día por razones laborales y que los fines de semana está rendido. El cuento —sin duda alguna— nos ofrece una excelente moraleja de niños y adultos deberíamos aprender.

5. Babette Cole. *El libro apestoso.*

Recomendar un libro con este título podría parecer raro, y si se leyera su contenido de manera rápida lo parecería aún más. Sin embargo, esta obra es una suerte de recolección de los chistes que más les gustan a los niños y nos ofrece —entre risas y risas— la posibilidad de demostrar que los libros son muy divertidos.

6. Carlo Collodi. *Pinocho.*

Esta novela —cuyas adaptaciones cinematográficas son mucho más famosas que el libro en sí mismo— nos ofrece varias posibilidades interesantes: mostrar a los niños la supremacía de la literatura sobre el cine, comparar los trabajos literarios con los cinematográficos y horas de diversión en un mundo cuya magia supera con mucho a la imaginación de los hombres de Hollywood.

7. Francisco Hinojosa. *La peor señora del mundo.*

Francisco Hinojosa es uno de los mejores autores de literatura infantil de nuestro país: sus libros tienen la sintonía exacta que requieren los pequeños. De esta manera, la elección de La peor señora del mundo puede parecer un tanto arbitraria; sin embargo, esta obra —gracias a su sentido de la aventura y el "terror"— capturará, desde la primera línea, al pequeño lector.

8. Ruyard Kipling. *El libro de la selva.*
Sin duda alguna, esta obra de Kipling merece estar en todas las bibliotecas infantiles: las aventuras del niño que fue criado por los lobos son una verdadera delicia. Incluso, para los pequeños que participen en actividades escultistas, este libro puede tener otro sentido, pues todo lo que ocurre en su grupo scout se encuentra profundamente vinculado con esta obra.

9. Selma Lagerlöf. *El maravilloso viaje de Nils Holgersson.*
Esta novela es un caso más o menos extraño: es la mejor obra de una ganadora del Premio Nobel y se trata de literatura infantil. En ella,

el protagonista realiza un viaje mágico y maravilloso por toda Suecia y nos ofrece una serie de sensacionales aventuras.

10. Christian Lehmann. *El cocodrilo en la tina.*
A partir de una historia muy sencilla y vinculada con la hora del baño, Lehmann nos propone un recorrido por los mitos urbanos y los imaginarios infantiles, mismos que terminan convirtiendo a esta brevísima historia en un texto memorable.

11. Marie-Aude Murail. *Un domingo con los dinosaurios.*
Uno de los mayores intereses de la "nueva" literatura infantil es el abandono de los mundos fantásticos en busca de las fantasías que hoy en día tienen los pequeños. En este sentido, el pequeño libro de Murail explota a la perfección los sueños dinosáuricos que han marcado el mundo de los pequeños desde hace varios años y, gracias a ello, logra una perfecta sincronía con los niños de hoy.

12. Horacio Quiroga. *Cuentos de la selva.*
A lo largo de las propuestas que hacemos en los siguientes capítulos, el nombre de Horacio Quiroga aparecera en varias ocasiones. Esta primera vez, surge como el creador de una serie de fábulas maravillosas donde los animales de la selva sudamericana nos ofrecen maravillosas historias y enseñanzas.

13. Antonie de Saint-Exupery. *El principito.*
Esta obra —ampliamente conocida por todos los lectores— es uno de los ejemplos clásicos de la literatura infantil y, al mismo tiempo, es una pequeña maravilla que es capaz de mostrarnos el valor que tienen los sentimientos.

14. Juan Villoro. *El profesor Zípper y la fabulosa guitarra eléctrica.*
Esta breve novela nos ofrece —con un lenguaje y una anécdota que se adaptan a la perfección con los pequeños lectores de hoy— una historia llena de aventuras, humor y sutiles enseñanzas que dejarán un espléndido sabor de boca entre sus lectores.

15. Chris van Allsburg. *La escoba de la viuda.* A lo largo de este cuento —muy propio para quienes comienzan a leer—no sólo se recupera el valor mágico que tienen las escobas, sino que también se nos ofrece una historia mágica y capaz de ofrecer grandes lecciones a sus lectores.

Algunas curiosidades

¿Sabías que William Faulkner trabajó en una oficina de correos, y que mientras él estuvo en ese lugar cayó la venta de timbres, pues él no estaba interesado en atender a los clientes mientras estaba leyendo?

¿Sabías que Joseph Conrad tenía tan mal carácter que cuando se le caía la pluma pasaba varios minutos tamborileando los dedos en vez de levantarla?

¿Sabías que la publicación de *El gatopardo*, la gran novela de Lampedusa ocurrió 18 meses después de su muerte?

¿Sabías que Arthur Conan Doyle dedicó una buena parte de su vida al espiritismo?

¿Sabías que Kipling detestaba las intromisiones en su vida personal, que le tomaran fotografías, que lo entrevistaran y que se negaba a hablar sobre cosas que no le importaban?

¿Sabías que Vladimir Navokov pensaba que Dostoievski era "un sensacionalista, barato, torpe y vulgar"?

¿Sabías que Jorge Luis Borges decía que el psicoanálisis era la peor forma de narcisimo, pues se tenía que pagar para hablar de uno mismo?

¿Sabías que Henry James antes de morir presa de la locura dictó su última obra: una carta dirigida a José Bonaparte firmada por el mismísimo Napoleón?

¿Sabías que durante un incendio Robert Louis Stevenson se preguntaba si el acontecimiento era causado por el musgo de los árboles, y para resolver este punto acercó un cerillo encendido a un cedro que ardió ante sus ojos aumentando el incendio que ya se combatía?

¿Sabías que la primera "obra literaria" de Borges y Bioy fue un anuncio sobre yogurt?

Capítulo 3

JUEGOS PARA LOS LECTORES JUVENILES

1. Descubre el final

Objetivo:

Lograr que los lectores sean capaces de descubrir los secretos de un libro gracias a las pistas que un autor les ofrece.

Materiales:

- Ray Bradbuy. *Fahrenheit 451.*

Introducción:

Sin duda alguna, la literatura no sólo ofrece inmensos placeres, sino que también nos abre la posibilidad de pensar y repensar los hechos a los que nos enfrenta un autor y sus ideas. Una buena manera de comenzar a afrontar este reto intelectual es buscar que el lector "le gane" al autor y descubra el final de una obra antes de leerlo.

Procedimiento:

Pida al lector que se adentre en las páginas de *Fahrenheit 451*, pero que no lea las últimas páginas del texto. Una vez que se haya logrado lo anterior, pídale que a partir de los hechos que conoce sobre los personajes imagine el final y se lo cuente.

Al concluir lo anterior, pida al pequeño que lea el final de la obra y que compare su final con el del autor, a partir de este hecho es importante que conversen sobre las diferencias y las similitudes que existan entre ambos finales de tal suerte que el joven lector no sólo obtenga un mayor conocimiento de los personajes de la obra, sino también que ponga a "prueba" la propuesta del autor.

2. Qué pasaría si...

Objetivo:

Lograr que los lectores sean capaces de descubrir que una obra es una propuesta que podría ser alterada en infinidad de ocasiones.

Materiales:

- Issac Asimov. *Yo robot.*

Introducción:

Yo robot de Asimov es una obra marcada por la lógica, todos los cuentos tienen que desarrollarse de acuerdo con los cánones marcados por las leyes de la robótica que se enuncian al inicio del libro. Por esta razón, si nosotros realizaramos un pequeño cambio, la obra se transformaría de manera absoluta y fracasaría, lo más importante —y esta es la dificultad de este juego en comparación con la versión que ofrecimos en el capítulo anterior— es que las modificaciones sean acordes con las leyes de la robótica planteadas por Asimov.

Procedimiento:

Tras la lectura de la novela de Asimov por parte del joven lector y del padre o el maestro, pida que le platique "qué pasaría si..." alguno de los personajes o situaciones fuera diferente.

3. Juntemos a los personajes

Objetivo:
Lograr que los lectores sean capaces de fundir narraciones y observar lo que ocurre en ellas tras los cambios.

Materiales:
- Robert Louis Stevenson. *El extraño caso del doctor Jeckyl y mister Hyde.*
- Bram Stoker. *Drácula.*

Introducción:
Es muy comun que entre los lectores se presente el oscuro deseo de unir a personajes que se encuentran en historias distintas.

Procedimiento:
Pida al lector que se adentre en las páginas de *El extraño caso del doctor Jeckyl y mister Hyde* y *Drácula*. Una vez que se haya logrado lo anterior, pídale que a partir de los hechos que conoce sobre los personajes imagine qué pasaría si el protagonista de la primera historia fuera amigo de los personajes que aparecen en *Drácula*.

4. Yo soy el protagonista

Objetivo:

Lograr que los lectores se inicien en la creación literaria.

Materiales:

- H. G. Welles. *El hombre invisible.*

Introducción:

Sin duda alguna, la literatura no sólo ofrece inmensos placeres, sino que también nos abre la posibilidad de pensar sobre nuestra cotidianeidad, lo cual convierte a los libros en maestros para la vida.

Procedimiento:

Pida al lector que se adentre en las páginas de *El hombre invisible*. Una vez que haya concluido la lectura pídale que escriba un cuento donde él asuma el rol del protagonista de esta historia.

5. Caras y gestos

Objetivo:
Lograr que los lectores de siempre desarrollen un mayor análisis literario gracias a una "dramatización" de las características más representativas de los personajes literarios.

Materiales:

- Libros del agrado de los jóvenes lectores.

Introducción:
Los jóvenes lectores saben que los personajes literarios son compañeros entrañables: seres a los cuales se les puede conocer casi a la perfección.

Una buena manera de divertirse con ellos es realizando un juego de caras y gestos donde sólo se valgan algunos personajes literarioso títulos de libros.

Procedimiento:
Se forman dos equipos, uno de ellos decide cuál será el personaje literario o la obra que el

autor deberá de representar ante sus compañeros de equipo.

Se señala un tiempo para que él muestre de que se trata y, al final, si el equipo adivino se da un punto bueno.

6. ¿Quién soy?

Objetivo:
Competir en el conocimiento de la literatura.

Materiales:

- Tarjetas.
- Plumas.

Introducción:
Los jóvenes lectores tienen una serie personajes que les cautivan, en este sentido, puede plantearse un breve juego donde —a través de preguntas—se descubran cuál es el personaje que representan cada uno de los participantes.

Procedimiento:
Cada uno de los participantes elige un personaje literario y las demás personas tienen que adivinar de quién se trata. La dificultad del juego consiste en que la persona interrogada sólo puede responder sí o no. A fin de auxiliar se, los interrogadores pueden llevar en las tarjetas los datos que va proporcionando el entrevistado.

7. Libros sobre libros

Objetivo:

Descubrir como una obra puede ser la madre de otro libro.

Materiales:

- J. W. Polidori. *El vampiro.*
- Federico Andahazi. *Las piadosas.*

Introducción:

Los jóvenes lectores en muchas ocasiones suponen que las obras literarias son únicas o, por lo menos, fenómenos aislados e irrepetibles; sin embargo, esta idea es falsa: las obras literarias dan paso a otras literarias que se funden con ellas para formar —por decirlo de alguna manera— una gran pirámide.

Procedimiento:

Lea ambos libros y realice un breve análisis sobre como ellos —a pesar de haber sido escritos con más de un siglo de diferencia— se nutren entre sí para ofrecer al lector una amplia imagen sobre el vampirismo.

8. La transformación de un personaje

Objetivo:

Descubrir como a lo largo del tiempo y de distintas obras, un mismo personaje puede transformarse.

Materiales:

- J. W. Polidori. *El vampiro.*
- Bram Stoker. *Drácula.*
- Stephen King. *Salem´s Lot.*
- Anne Rice. *Confesiones de un vampiro.*

Introducción:

En algunas ocasiones, la literatura se sirve de un mismo personaje para crear obras distintas y distantes. Darse la oportunidad de descubrir la metamorfósis de un personaje de este tipo puede ser una tarea memorable.

Procedimiento:

Lea las novelas propuestas y realice un breve análisis sobre como el protagonista —a pesar de pertenecer a obras que han sido sido escritas con más de un siglo de diferencia— se transforma para ofrecernos una visión sobre cómo las distintas épocas lo han marcado.

9. Libros sobre libros (II)

Objetivo:

Descubrir como una idea apenas esbozada por un autor puede ser la madre de otro libro.

Materiales:

- H. P. Lovecraft. *El libro negro de Alsophocus.*
- Stephen King. *Los misterios del gusano.*

Introducción:

Los jóvenes lectores en muchas ocasiones suponen que las obras literarias surgen como resultado de la inspiración y que por ello el autor las crea sin mantener lazo alguno con el resto de la literatura; sin embargo, esta idea es falsa: las ideas apenas esbozadas en los libros dan paso a otros libros.

Procedimiento:

Lea ambos libros y realice un breve análisis sobre como ellos —a pesar de haber sido escritos con casi un siglo de diferencia— se nutren entre sí para ofrecer al lector una amplia imagen sobre un libro que permite invocar a los dioses primigenios.

10. ¿Realidad o ficción

Objetivo:
Descubrir como la literatura se nutre de la realidad.

Materiales:
- Noah Gordon. *El diamante de Jerusalén.*

Introducción:
Los jóvenes lectores en muchas ocasiones suponen que las obras literarias surgen como algo ajeno a la realidad; sin embargo, en toda literatura existen vestigios del mundo que la engendra y la alimenta.

Procedimiento:
Lea esta obra y realice un breve análisis a fin de descubrir cuáles son los hechos reales y cuáles son ficticios.

Apéndice

19 libros indispensables de la literatura juvenil

La adolescencia y la juventud son periodos marcados por el cambio y el descubrimiento. La rebeldía que caracteriza a esta etapa de la vida es el resultado de la construcción de una personalidad distinta y distante de la que marcaba los años de la niñez: ellos —los jóvenes— sólo se "revelan" con el fin de distanciarse para construirse como individuos, como seres únicos e irrepetibles. Al mismo tiempo —durante estos años— también se descubre al mundo como un lugar de aventuras: los amigos, los primeros amores y los momentos inolvidables serán el santo y seña de estos años. Por estas razones, los libros que se recomiendan para esta época de la vida deben estar marcados por la aventura, el descubrimiento del amor y los personajes que, gracias a su rebeldía, se convierten en seres excepcionales. Se trata —por decirlo en unas cuantas palabras—de proporcionar a los jóvenes lectores una suerte de espejo que les permita descubrirse a través de los personajes y los hechos que revelan en la literatura.

Veamos esta brevísima relación de obras que, sin duda alguna, podría ampliarse hasta el infinito.

1. Issac Asimov. *Yo robot.*

Esta breve novela, donde Asimov plantea una serie de historias a través de las leyes de la robótica, es un acercamiento a la ciencia ficción donde no sólo se mezclan la aventura y los hechos extraordinarios, sino que también se ofrecen una serie de ejemplos sobre la importancia que tienen la virtudes y los valores para resolver, enfrentar y triunfar sobre la adversidad.

2. Ray Bradbuy. *Fahrenheit 451.*

En esta obra, Bradbury nos cuenta la historia de un bombero —Montag—, un hombre cuya labor no era combatir los incendios, sino quemar los libros, pues en ese mundo la lectura se consideraba como un acto subversivo. Esta novela, además de una trama llena de acción, nos ofrece una serie de motivos para considerar la importancia y el valor que tiene la lectura.

3. Lewis Carroll. *Alicia en el país de las maravillas.*
Esta novela —cuyas adaptaciones al cine y la televisión son casi innumerables— no sólo se ofrece a los jóvenes lectores como una historia de aventuras, sino que también les ofrece la posibilidad de ingresar por la puerta grande al mundo de la lógica y las matemáticas, pues Carroll –al momento de concebrirla— puso en acción todas sus capacidades como matemático.

4. Arthur Conan Doyle. *Las aventuras de Sherlock Holmes.*
Sin duda alguna esta obra es un verdadero clásico de la literatura policiaca y —al mismo tiempo— es uno de los mejores ejemplos de las novelas de aventuras. Pero el interés que esta obra puede tener para los jóvenes lectores no se reduce a lo anterior, ya que, si se mira con cuidado, ella puede convertirse en

uno de los mejores ejemplos sobre el poder que la mente y la razón tienen para analizar y explicar los hechos del mundo.

5. Charles Dickens. *Oliver Twist.*
Esta novela —donde se cuentan las venturas y desventuras de un joven inglés condenado a la miseria y el delito— no sólo se muestra como un excelente ejemplo de la literatura que es capaz de convertirse en un puente entre la aventura y las grandes obras, sino que también nos ofrece aventuras y visiones que son capaces de llevar al joven lector a la reflexión acerca de una serie de temas éticos de singular importancia.

6. Alejandro Dumas. *Los tres mosqueteros.*
La historia de los mosqueteros es ampliamente conocida gracias a las innumerables adaptaciones que esta novela ha tenido al cine o a la televisión. Sin embargo, el enfrentarse con esta obra permitirá descubrir un mundo mucho más amplio que el ofrecido por estos medios. Asimismo, *Los tres mosqueteros* nos abren

la puerta para que el joven lector avance en sus lecturas a partir de la continuación de las aventuras de estos personajes en dos obras más: *Veinte años después* y *El vizconde de Bragelonne.*

7. Herman Hesse. *Demian.*

A lo largo de las páginas de esta novela, el protagonista vive el drama de la adolescencia como una rebeldía y como el deseo de construir una personalidad. Este es un libro clásico dentro de la literatura juvenil y que —dada su temática y su importancia— debería ser leído por todos los jóvenes.

8. Washington Irving. *Cuentos.*

Los cuentos de Irving nos pequeñas obras maestras que, a través de la aventura y el suspenso (como sucede en *La leyenda del jinete sin cabeza,* que es quizá su obra más conocida) nos permiten ofrecer a los jóvenes lectores una serie de textos capaces de atraparlos desde la primera línea, al tiempo que ingresan a la gran literatura de todos los tiempos.

9. Jack London. *Antes de Adán.*
La literatura de London es ampliamente conocida, sobre todo su novela *Colmillo blanco* que se ha convertido en un clásico de la literatura de aventuras; en este caso, la obra de London que recomendamos no sólo ofrece una serie de grandes peripecias en los tiempos prehistóricos, sino que también nos brinda una importantísima reflexión sobre el valor entre los seres humanos.

10. José Emilio Pacheco. *Las batallas en el desierto.*
Esta brevísima novela —junto con otra obra de este autor cuyo título es *El principio del placer*— nos permite aproximarnos a la maravilla y el dolor del primer amor juvenil. En este sentido, la obra no sólo es una pieza crucial de la literatura mexicana, sino que también nos ofrece la posibilidad de otorgar al joven lector una enseñanza sobre este tema de gran importancia para la vida.

11. Edgar Allan Poe. *Narraciones extraordinarias.*
Los cuentos de Poe —donde se mezclan la literatura fantástica, el terror y las investigaciones policíacas— son uno de los mejores ofrecimientos literarios que podemos hacer a los jóvenes. El interés que la trama tiene en sí misma, aunada a las reflexiones del autor, nos permiten tener verdaderas joyas que no sólo se leen con avidez, pues también invitan a los lectores a avanzar en el mundo de los libros.

12. Horacio Quiroga. *Cuentos de amor, de locura y de muerte.*
Estas pequeñas obras maestras son un recorrido por los tres grandes temas que dan título al libro. A pesar de los excesos que las caracterizan –y que les dan un valor excepcional— ofrecen al joven lector una suerte de "puente" entre la literatura de aventuras y entretenimiento, y la literatura que busca explorar al mundo hasta sus últimas consecuencias.

13. Eusebio Ruvalcaba. *Un hilito de sangre.*
Esta novela narra el viaje de un joven que parte de la ciudad de México hacia Guadalajara con tal de estar un momento con la muchacha que más le gusta. Contra lo que pudiera pensarse, esta obra —plena de dramatismo—no sólo es la crónica de una aventura en pos del amor, sino que también es un viaje al interior de la personalidad de su protagonista.

14. Gustavo Sainz (compilador). *Ritos de iniciación.*
En esta antología, Gustavo Sainz ha reunido una respetable cantidad de cuentos cuyo principal tema es la adolescencia, a la cual se aborda desde distintas temáticas y visiones. Estas obras son —sin duda alguna—un excelente espejo que permitirá a los jóvenes lectores valorarse al tiempo que se sumergen en la literatura.

15. Emilio Salgari. *Sandokán.*
Las aventuras de este pirata de la Malasia son, sin lugar a dudas, uno de los mejores ejemplos de la novela de aventuras. Los hechos de

Sandokán y los Tigres de Mompracén son una maravilla que puede mantener al borde del asiento a cualquier lector. Pero Sandokán no sólo es una novela de piratas y aventuras, pues los personajes también son capaces de dar a los lectores una serie de lecciones sobre las virtudes y los valores humanos.

16. Robert Louis Stevenson. *El extraño caso del doctor Jeckyl y mister Hyde.*

Esta brevísima novela es uno de los clásicos de la literatura fantástica: no sólo ha sido llevada a las pantallas grandes y chicas en innumerables ocasiones, sino que también ha sido objeto de múltiples parodias. Para los jóvenes lectores, esta obra no sólo ofrece una aventura llena de misterios, sino que también les muestra una sensacional reflexión sobre el bien y el mal.

17. Bram Stoker. *Drácula.*

A pesar de no ser la primera novela sobre el vampirismo, Drácula se ha convertido —junto con *El vampiro* de Polidori— en uno de los clásicos de la literatura fantástica. Sin duda alguna, los personajes de esta novela —aunados a su trepidante acción— ofrecen a los jóvenes lectores la posibilidad de quedar atrapados en sus páginas desde la primera línea. Asimismo, esta novela —al igual que otras que se mencionan en esta lista— nos permite tender un puente entre la literatura de aventuras y la gran literatura del mundo.

18. Julio Verne. *20,000 leguas de viaje submarino.*
Al igual que en otros casos de esta relación, la saga del capitán Nemo nos es familiar gracias a las múltiples adaptaciones que la obra ha tenido al cine o a la televisión. Sin embargo, y más allá de su trama plena de aventuras, la obra nos ofrece un mensaje cuyo tono es perfectamente apropiado para la juventud: la rebeldía de Nemo es —por lo menos en este sentido— muy similar a la de los adolescentes.

19. H. G. Wells. *El hombre invisible.*
Esta es otra novela que ha sido llevada al cine y a la televisión en innumerables ocasiones, lo cual —sin duda alguna— puede ser un excelente "anzuelo" para entregarla al joven lector. Sin embargo, sus virtudes no se reducen a lo anterior, pues esta obra también nos ofrece la posibilidad de explorar las profundidades del alma gracias a un personaje extraordinario.

Algunas curiosidades

¿Sabías que a lo largo de la historia de la literatura los escritores han inventado una serie de libros que no existen? Tal es el caso del Necronomicón que se menciona en muchísimas de las obras fantásticas de H. P. Lovecraft.

¿Sabías que Sherlock Holmes, el personaje de Conan Doyle, escribió una obra que se llamaba De los distintos tipos de tabacos y cómo identificarlos por medio de sus cenizas?

¿Sabías que en el Quijote existe un error divertidísimo? Es el siguiente: en uno de los capítulos una persona le roba a Sancho Panza su burro y que un par de capítulos más adelante el animal vuelve a aparecer sin que nos hayamos enterado como fue que el ayudante del Quijote recuperó su montura.

¿Sabías que Georges Simenon —uno de los mayores escritores de literatura policiaca— programaba la escritura de sus novelas de tal suerte que las concluyera en no más de cinco semanas?

¿Sabías que en Robinson Crusoe existe un curioso error? Efectivamente, tras el naufragio, el protagonista mira el barco encallado, se desnuda y se lanza al mar para alcanzar la nave, y que una vez en ella —según nos dice Defoe— él se guarda en los bolsillos unas galletas.

¿Sabías que el libro que más ediciones ha tenido a lo largo de la historia es *La biblia*, y que el segundo más impreso es una obra de Mao Tsé-Tung?

¿Sabías que los escritores quedaron exentos del pago de impuestos desde los tiempos de Isabel de Castilla y Fernando de Aragón?

¿Sabías que el astrónomo Flamarión señaló en su testamento que al morir fuera deshollado a fin de que con su piel se empastaran sus obras completas para que su amada las recibiera como el regalo más personal?

¿Sabías que en algunas poblaciones durante la Edad Media se consideraba que las personas que leían cometían un pecado capital: la soberbia, pues se pensaba que ellos querían saber más que los demás?

¿Sabías que durante este año se imprimieron más libros que los producidos desde la invención de la imprenta hasta el siglo XIX?

Capítulo 4

JUEGOS PARA LOS LECTORES DE SIEMPRE

1. Caras y gestos

Objetivo:

Lograr que los lectores de siempre desarrollen un mayor análisis literario gracias a una "dramatización" de las características más representativas de los personajes literarios.

Materiales:

- Libros del agrado de los lectores de siempre.

Introducción:

Los lectores de siempre saben que los personajes literarios son compañeros entrañables: seres a los cuales se les puede conocer casi a la perfección.

Una buena manera de divertirse con ellos es realizando un juego de caras y gestos donde sólo se valgan algunos personajes literarios o títulos de libros.

Procedimiento:

Se forman dos equipos, uno de ellos decide cuál será el personaje literario o la obra que el autor deberá de representar ante sus compañeros de equipo.

Se señala un tiempo para que él muestre de que se trata y, al final, si el equipo adivino se da un punto bueno.

2. Maratón literario

Objetivo:

Competir en el conocimiento de la literatura.

Materiales:

- Libros.
- Un tablero de Maratón.
- Tarjetas.
- Plumas.
- Dados.

Introducción:

El juego de Maratón se ha convertido en una prueba para el conocimiento, y en este sentido, también podría aplicarse al saber literario.

Procedimiento:

Se elabora un número más o menos considerable de tarjetas con preguntas literarias y se juega el Maratón de manera normal. Es importante que en la elaboración de las preguntas participen varias personas a fin de que no exista una persona que conozca la totalidad de las respuestas.

3. ¿Quién soy?

Objetivo:
Competir en el conocimiento de la literatura.

Materiales:

- Tarjetas.
- Plumas.

Introducción:
Los lectores de siempre tienen una serie personajes que les cautivan, en este sentido, puede plantearse un breve juego donde —a través de preguntas— se descubran cuál es el personaje que representan cada uno de los participantes.

Procedimiento:
Cada uno de los participantes elige un personaje literario y las demás personas tienen que adivinar de quién se trata. La dificultad del juego consiste en que la persona interrogada sólo puede responder sí o no. A fin de auxiliarse, los interrogadores pueden llevar en las tarjetas los datos que va proporcionando el entrevistado.

4. Descubre el final

Objetivo:
Lograr que los lectores sean capaces de descubrir los secretos de un libro gracias a las pistas que un autor les ofrece.

Materiales:
- Adolfo Bioy Cazares. *La invención de Morell.*

Introducción:
Sin duda alguna, la literatura no sólo ofrece inmensos placeres, sino que también nos abre la posibilidad de pensar y repensar los hechos a los que nos enfrenta un autor y sus ideas. Una buena manera de comenzar a afrontar este reto intelectual es buscar que el lector "le gane" al autor y descubra el final de una obra antes de leerlo.

Procedimiento:
Pida al lector que se adentre en las páginas de *La invención de Morell*, pero no lea las últimas páginas del texto. Una vez que se haya

logrado lo anterior, pídale que a partir de los hechos que conoce sobre los personajes imagine el final y se lo cuente.

Al concluir lo anterior, lea el final de la obra y compare su final con el del autor. También existe la posibilidad realizar este juego en grupo y, al concluir, los distintos lectores comparan sus desenleces con el propuesto por Bioy Cazares.

5. Qué pasaría si...

Objetivo:

Lograr que los lectores sean capaces de descubrir que una obra es una propuesta que podría ser alterada en infinidad de ocasiones.

Materiales:

- Jorge Ibargüengoitia. *Los relámpagos de agosto.*

Introducción:

Una de las maravillas de la literatura es su posibilidad de abrir caminos a la imaginación, en este caso, cuando nosotros tranformamos a un personaje o una situación, tenemos la posibilidad de recrear la obra y ahondar en el conocimiento de los personajes.

Procedimiento:

Tras la lectura de la novela de Ibargüengoitia imagine que hubiera pasado si alguno de los personajes o de las situaciones hubiera sido distinta, incluso, cuando este ejercicio se realiza de manera grupal, la discusión que se genera a partir de los cambios, permite un gran conocimiento de la obra ysus personajes.

6. Juntemos a los personajes

Objetivo:
Lograr que los lectores sean capaces de fundir narraciones y observar lo que ocurre en ellas tras los cambios.

Materiales:

- Jorge Ibargüengoitia. *Los relámpagos de agosto.*
- Martín Luis Guzmán. *La sombra del caudillo.*

Introducción:
Ya hemos dicho que es muy comun que entre los lectores se presente el oscuro deseo de unir a personajes que se encuentran en historias distintas.

Sin embargo, habría que preguntarse que sucedería si un personaje de una ficción (en este caso *Los relámpagos de agosto*) se adentrara en el mundo de una novela histórica (en este caso *La sombra del caudillo*).

Procedimiento:

Adéntrese en las páginas de *Los relámpagos de agosto* y de *La sombra del caudillo.* Una vez que se haya logrado lo anterior, y a partir de los hechos que conoce sobre los personajes, imagine qué pasaría si el general revolucionario que protagoniza de la primera novela participara y actuara con los personajes de *La sombra del caudillo.*

7. Mi libro de cabecera

Objetivo:
Lograr que los lectores sean capaces de reunir obras literarias bajo ciertos criterios.

Materiales:
- Libros.
- Fotocopias de los materiales seleccionados.
- Material para realizar un engargolado.

Introducción:
Los lectores de siempre van guardando memoria de aquellas obras o fragmentos que mayor impacto han causado en sus vidas y, a partir de ellos, van coleccionando sus libros de cabecera. Sin embargo, cuando se mira con detalle, no tarda mucho en descubrirse que la totalidad de estas obras no son tan importantes para el lector: a veces es un solo cuento de una recopilación, o un poema de un libro. Por esta razón, puede ser delicioso el reunir en un sólo volumen —bajo ciertos criterios— las obras y los fragmentos que más nos agradan.

Procedimiento:

Seleccione de todos los libros que haya leído los fragmentos y los cuentos que más le hayan gustado. Una vez que haya concluido con esta labor, es necesario que los agrupe con una cierta lógica (literatura amorosa, poesía, ciencia ficción, cuentos policíacos, etc.) al lograr lo anterior fotocopie los textos, engargólelos a fin de que pueda volver a estas obras una y otra vez como si fueran las mejores antologías de todos los tiempos.

8. Cuatro autores y un tema

Objetivo:

Lograr que los lectores de siempre se enfrenten a una temática a través de distintos autores.

Materiales:

- José de la Colina. *La lucha con la pantera.*
- José Emilio Pacheco. *El principio del placer.*
- Gerardo María. *Nos vemos a las cuatro en casa de Mónica.*
- Guillermo Fadanelli. *Regimiento Lolita.*

Introducción:

A lo largo de la historia, la literatura se ha ocupado de unos cuantos temas de tal suerte que su interés no estriba en la "novedad" de lo que se cuenta, sino en la manera y el modo en que se narra. Una buena forma de descubrir estas sutiles y maravillosas diferencias es contrastar las opiniones de varios autores en torno a una temática.

Procedimiento:

Lea los cuatro cuentos que se proponen y analice las diferencias que cada uno de sus autores tiene en torno al primer amor. Una variante de esta actividad que puede resultar sumamente interesante es que un grupo de lectores aborde estos cuentos y realice una amplia discusión de ellos.

9. La novela y la historia

Objetivo:

Lograr que los lectores de siempre enfrenten las narraciones literarias e históricas a través de distintos autores.

Materiales:

- Enrique Serna. *El seductor de la patria.*
- Ireneo Paz. *Su alteza serenísima.*

Introducción:

De vez en cuando es necesario contrastar las ópticas de los literatos con las de otro tipo de escritores, sólo de esta manera es posible aquilatar las maravillas de la literatura como un mecanismo para la comprensión de lo humano.

Procedimiento:

Lea las dos obras que se proponen y analice las diferencias que cada uno de sus autores tiene en torno a la figura de Antonio López de Santa Anna. Una variante de esta actividad que puede resultar sumamente interesante es que un grupo de lectores aborde estos libros y realice una amplia discusión de ellos.

10. Los errores del novelista

Objetivo:
Lograr que los lectores de siempre sean capaces de detectar las inconsistencias de los autores.

Materiales:
- Carlos Cuauhtémoc Sánchez. *Juventud desesperada.*

Introducción:
Una buena parte de las personas supone que los libros casi deben ser revenciados; sin embargo, en muchos de ellos existen inconsistencias y errores en el manejo de los personajes. Una buena manera de convertirse en un excelente lector es tener la capacidad para detectar y criticar estos defectos.

Procedimiento:
Lea la obra que se propone y analícela hasta encontrar todas las inconsistencias y los errores que contiene.

Apéndice

Libros indispensables para los lectores de siempre

Elaborar una lista de obras que se consideren indispensables para los lectores de siempre es una labor sumamente difícil o terriblemente fácil.

Es sencilla pues —según algunos— bastaría con enumerar las obras más importantes de los clásicos de la literatura, pero esto no garantizaría que estos libros fueran del agrado de sus futuros lectores. Es muy difícil pues se puede optar por otros criterios: enlistar las obras que a juicio personal todas las personas deberían leer; asimismo, podría pensarse que esta relación se debería de elaborar tomando en cuenta la nacionalidad de los autores. Ante esta situación creemos que lo mejor es proporcionar diferentes tipos de listas.

Veamos la brevísima relación cronológica de las obras de la literatura mexicana reciente que, desde nuestro punto de vista, son imprescindibles para los lectores de siempre:

1. **Juan Rulfo.** *Pedro Páramo.*

2. **Agustín Yañez.** *Las tierras flacas.*

3. **Carlos Fuentes.** *Aura.*

4. **José de la Colina.** *La lucha con la pantera.*

5. **José Agustín.** *La mirada al centro.*

6. **Amparo Dávila.** *Tiempo destrozado y música concreta.*

7. **Luis González de Alba.** *Los días y los años.*

8. **Ricardo Garibay.** *Beber un cáliz.*

9. **Vicente Leñero.** *Los albañiles.*

10. **Jorge Ibargüengoitia.** *Los relámpagos de agosto.*

11. **Augusto Monterroso.** *La oveja negra y demás fábulas.*

12. **Sergio Galindo.** *El hombre de los hongos.*

13. **Luis Zapata.** *En jirones.*

14. **María Luis Puga.** *Las posibilidades del odio.*

15. **Óscar de la Borbolla.** *Las vocales malditas.*

16. **Fernando del Paso.** *Noticias del Imperio.*

17. **Pablo Soler Frost.** *La mano derecha.*

18. **Efrén Rebolledo.** *Rasero.*

19. **David Toscana.** *Santa María del circo.*

20. **Enrique Serna.** *El seductor de la patria.*

Veamos ahora la relación de las diez obras de la literatura latinoamericana reciente que, desde nuestro punto de vista, son imprescindibles para los lectores de siempre:

1. **Gabriel García Márquez.** *Cien años de soledad.*

2. **Mario Vargas Llosa.** *La guerra del fin del mundo.*

3. **Alejo Carpentier.** *El siglo de las luces.*

4. **Jorge Luis Borges.** *Ficciones.*

5. **Adolfo Bioy Cazares.** *La invención de Morell.*

6. **José Donoso.** *El lugar sin límites.*

7. **Reinaldo Arenas.** *Antes que anochezca.*

8. **Roberto Artl.** *Siete locos.*

9. **Augusto Roa Bastos.** *El baldío.*

10. **Ernesto Sábato.** *El túnel.*

Veamos ahora la relación de las diez obras de la literatura universal que, desde nuestro punto de vista, son imprescindibles para los lectores de siempre:

1. **Dante Alighieri.** *La divina comedia.*

2. **Honorato de Balzac.** *Papá Goriot.*

3. **Miguel de Cervantes.** *Las aventuras del ingenioso hidalgo don Quijote de la Mancha.*

4. **Fedor M. Dostoievski.** *Crimen y castigo.*

5. **Gustave Flaubert.** *Madame Bovary.*

6. **Máximo Gorki.** *La madre.*

7. **Víctor Hugo.** *Los miserables.*

8. **James Joyce.** *Retrato del artista adolescente.*

9. **Franz Kafka.** *Metamorfosis.*

10. **Marcel Proust.** *En busca del tiempo perdido.*

Algunas curiosidades

¿Sabías que muchos títulos de los libros clásicos han sido mal traducidos y que, a pesar de esto, han permanecido con malos nombres a lo largo del tiempo? Un caso de este tipo es *La importancia de llamarse Ernesto* de Oscar Wilde, cuyo tíulo original es *The importance of beinig earnest*, y donde el autor escribió "ser honrado" (beinig earnest) el traductor escribió "llamarse Ernesto".

¿Sabías que la colección El volador de Joaquín Mortiz, una de las más importantes en la historia editorial mexicana, tiene este nombre en honor del antiguo mercado que se encontraba en las cercanías del centro de la Ciudad de México?

¿Sabías que la primera novela homosexual de nuestro país fue *El diario de José Toledo*, que su autor —Miguel Barbachano Ponce— publicó en 1964?

¿Sabías que la primera novela "moderna" que en México se escribió acerca del petróleo fue *Panchito Chapopote* de Xavier Icaza?

¿Sabías que el rimbombante título de la novela de Faulkner *El sonido y la furia* está basado en unas líneas de Macbeth que tienen como significado "bla bla bla"? Y lo más curioso: que este "bla bla

bla" al que se refiere Shakespeare es perfectamente sentado en la novela de Faulkner, pues ella está narrada por un idiota.

¿Sabías que el primer perro conocido que se fue de bracero en la literatura mexicana se llamaba "sufrelambre", y que él es uno de los protagonistas de Las aventuras de don Chipote o cuando los pericos mamen?

¿Sabías que la editorial Joaquín Mortiz, tiene este nombre a causa del alias que su fundador, Joaquín Díez Canedo, usó durante la Guerra Civil Española, el cual era Joaquín M. Ortíz?

¿Sabías que el primer libro que escribió Carlos Marx fue una novela intitulada Félix y el escorpión?

¿Sabías que la vida de Horacio Quiroga siempre fue rondada por las muertes trágicas? Su padre, sin quererlo, se dio muerte con una escopeta de caza; su padrastro —después de ser víctima de una parálisis— se suicidio con otra escopeta que accionó con uno de los dedos de su pie; su gran amigo literario Federico Ferrando murió a manos del escritor cuando trataba de enseñarle cómo usar una pistola, y Quiroga —tras varios años de sufrimientos— se suicidó ingiriendo veneno.

¿Sabías que la antología de ciencia ficción mexicana más grande que se hapublicado es Más allá de lo imaginado, una obra en tres volúmenes?

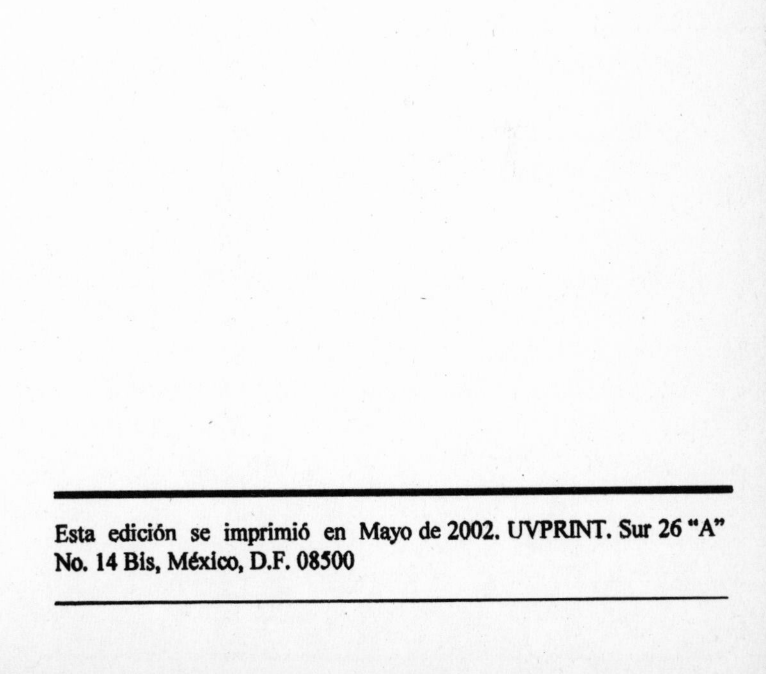

Esta edición se imprimió en Mayo de 2002. UVPRINT. Sur 26 "A" No. 14 Bis, México, D.F. 08500

DOBLAR Y PEGAR

SU OPINIÓN CUENTA

Nombre...

Dirección...

Calle y núm. exterior..............................**interior**..................

Colonia...**Delegación**......................

C.P..................**Ciudad/Municipio**...

Estado..**País**...........................

Ocupación..**Edad**....................

Lugar de compra...

Temas de interés:

- ☐ *Empresa*
- ☐ *Superación profesional*
- ☐ *Motivación*
- ☐ *Superación personal*
- ☐ *New Age*
- ☐ *Esoterismo*
- ☐ *Salud*
- ☐ *Belleza*
- ☐ *Psicología*
- ☐ *Psicología infantil*
- ☐ *Pareja*
- ☐ *Cocina*
- ☐ *Literatura infantil*
- ☐ *Literaura juvenil*
- ☐ *Cuento*
- ☐ *Novela*
- ☐ *Cuento de autor extranjero*
- ☐ *Novelas de autor extranjero*
- ☐ *Juegos*
- ☐ *Acertijos*
- ☐ *Manualidades*
- ☐ *Humorismo*
- ☐ *Frases célebres*
- ☐ *Otros*

¿Cómo se enteró de la existencia del libro?

- ☐ *Punto de venta*
- ☐ *Recomendación*
- ☐ *Periódico*
- ☐ *Revista*
- ☐ *Radio*
- ☐ *Televisión*

Otros...

Sugerencias____________________________________

____

____

RESPUESTAS A PROMOCIONES COMERCIALES
(ADMINISTRACIÓN)
SOLAMENTE SERVICIO NACIONAL

CORRESPONDENCIA
RP09-0323
AUTORIZADO POR SEPOMEX

EL PORTE SERÁ PAGADO POR:

Selector S.A. de C.V.

Administración de correos No. 7
Código Postal 06720, México D.F.